AF509089

DISCOURS

prononcé

Par M. C. MARTIN,

MAIRE DE LYON,

A l'Inauguration de la Statue

DE

JACQUARD,

Le 16 Août 1840.

LYON.

IMPRIMERIE DE Vᵉ AYNÉ,

grande rue Mercière, 44.

1840.

DISCOURS

Prononcé

Par M. C. MARTIN,

MAIRE DE LYON,

A l'Inauguration de la Statue

DE JACQUARD,

Le 16 Août 1840.

—»»»•••———

Messieurs,

La pensée qui nous réunit aujourd'hui est une
des plus grandes qui aient jamais rassemblé la
population d'une Cité. C'est une fête toute popu-
laire, c'est un acte de justice et de reconnaissance,
c'est la plus haute récompense que les peuples
aient jamais décernée que nous venons rendre à
l'un de nos concitoyens : les honneurs de la place
publique.

Quel est donc cet homme dont le piédestal est ici, dont la renommée est partout ? Cet homme au nom duquel cent mille citoyens se sont levés dans une même pensée, mûs par un même sentiment ? Qu'a-t-il fait ? quels services a-t-il rendus pour recevoir cet éclatant hommage, qui vivait dès long-temps dans tous les cœurs avant que le bronze vînt le consacrer aujourd'hui ?

Est-ce un guerrier que doive immortaliser la gloire des conquêtes ?

Est-ce un orateur dont la parole brillante nous ait ébloui de ses prestiges ?

Est-ce l'un de ces hommes d'Etat qui, comme des météores, brillent au milieu des révolutions, et pèsent quelques instants dans leurs mains les destinées de leur pays ?

Mais les lauriers coûtent cher à conquérir, et laissent après eux des larmes et des souvenirs cruels.

Mais les triomphes de la parole ne sont qu'une gloire éphémère ; souvent dangereux, rarement utiles, il en est peu qui se traduisent en bienfaits pour l'humanité.

Mais les renommées politiques doivent aux passions du moment le tribut d'un hommage que la postérité ne consacre pas toujours ; plus éclatantes par le bruit qu'elles font que par le bien qu'elles laissent, les autels que la faveur leur élève s'abîment trop souvent dans la tourmente des ambitions qui leur succèdent.

Non, celui que nous honorons ne fut point un

guerrier , et pourtant sa gloire est plus qu'euro-
péenne , sa réputation s'est étendue jusqu'aux deux
Indes , son nom retentit aux bords du Gange , la
Tamise nous l'envie , le Rhin s'est enrichi de ses
œuvres , son génie l'a fait l'homme de tous les pays.

Non , ce ne fut point un orateur ; sa parole était
simple et douce ; comme son cœur , elle était
sans artifice et sans art ; mais la voix de ces innom-
brables métiers dont le concert continuel réjouit
notre Cité , dont le silence nous a quelquefois si
cruellement affligés , proclame sans cesse dans son
chef-d'œuvre un éternel hommage au travail.

Non , ce ne fut point un homme d'Etat , mais il
y a dans le bienfait qu'il nous a légué toute une
réforme législative. La sollicitude du Gouvernement formule en loi la nécessité d'adoucir pour
l'enfance la rigueur de pénibles travaux ; eh bien !
JACQUARD l'avait devancé. Son mécanisme en con-
sacrant l'économie du travail , eut pour premier
résultat de régénérer , pour ainsi dire , la race
humaine en l'affranchissant d'un système qui
dégradait son caractère en ruinant ses forces.

Celui que nous honorons aujourd'hui , c'est un
bienfaiteur de l'humanité : c'est un ouvrier , un
simple artisan , c'est un homme dont la gloire est
impérissable comme le bien qu'il a fait. Enfant de
Lyon , né dans le sein de nos ateliers , JACQUARD
avait reçu la mission d'imprimer à notre industrie
un progrès désormais indispensable en face de la
concurrence étrangère. Le dix-huitième siècle avait
reculé les bornes des sciences mécaniques ; seule

notre industrie semblait en retard ; le métier du tisseur d'étoffes de soie, par la complication de ses moyens , par l'auxiliaire d'un second ouvrier, dont la tâche était une véritable torture , par la lenteur de son jeu , appelait nécessairement une réforme. Plus d'un l'avait cherchée, les Vaucanson, les Falcon, les Delassalle , y consacraient depuis long-temps leurs veilles ; Jacquard résolut le problème.

Aux historiens de l'art appartient le soin de faire une part proportionnelle à ceux qui préparèrent ce résultat ; Jacquard , doué d'un génie instinctif , prit les choses au point de vue purement mécanique et réalisa la pensée. Il inventa le métier qui porte son nom et les fruits de sa découverte furent l'économie de moitié dans le personnel , une simplification de la main-d'œuvre qui la mit à la portée de toutes les intelligences, une rapidité et une exactitude plus grandes dans la production , un perfectionnement remarquable dans le produit , et enfin , cet important service humanitaire d'affranchir l'artisan d'un mode de travail qui déprimait ses facultés ; bienfait immense dont la génération contemporaine nous révèle déjà toute l'étendue.

Arrêté dans ses premiers essais par nos orages politiques , Jacquard déroba sa tête à la hache révolutionnaire pour nous rapporter plus tard le fruit de ses ingénieuses méditations. Comme tous ceux qui se distinguent par des idées nouvelles , il lutta contre des difficultés de plus d'un genre ; l'ignorance et la jalousie , toujours liguées contre le bien entravèrent obstinément son œuvre, l'intrigue l'abreuva d'amertume ; mais aussi, comme tous ceux qui ont reçu le mandat d'être utiles, il triompha de ces obstacles et de ces dégoûts par cette persistance et ce courage sans lesquels toute bonne pensée reste en germe ou demeure à jamais stérile. Cet homme si modeste et si simple portait en son cœur toute l'énergie, toute la fermeté nécessaires pour opérer dans sa sphère une révolution ; dons précieux de la Providence qui lui impartit avec le génie, la force d'accomplir sa mission.

Si l'œuvre de notre concitoyen signale son intelligence, elle ne fit pas moins briller son désintéressement. Comme il n'était mû que par le désir de se rendre utile, sa pensée ne fut jamais celle d'une ambition personnelle. Lui, qui mit le travail aux mains de tous, la fortune aux mains d'un grand nombre, ne vit jamais s'étendre la limite de ses besoins. Honoré par le Gouvernement de plusieurs brevets, il négligea de les exploiter pour son compte. Citoyen avant tout, il n'accepta de sa ville qu'une pension modique en échange de laquelle il consacra *tout son temps et tous ses travaux à son service et à la faire jouir de tous perfectionnements à ses précédentes inventions.*

Que pourrait ajouter à cette gloire si pure et si belle le mépris qu'il fit des offres de l'Etranger? il était Lyonnais, c'est pour Lyon seul qu'il fut jaloux de son génie.

Aussi, Messieurs, est-ce à lui que nous devons

et la prospérité de notre ville et le rang qu'elle occupe aujourd'hui, est-ce à lui que nous devons l'armée de cent mille ouvriers qui nous défend dans cette guerre qui ne se fait qu'en pleine paix, dans cette guerre de concurrence où nos fabriques depuis quarante ans luttent avec succès contre l'industrie étrangère ; seule guerre possible dans un temps de progrès, de lumière et de raison, à une époque où toutes les pensées n'ont qu'un seul but, le bien de tous. Produire les meilleures choses dans la plus grande quantité, les livrer au plus bas prix en assurant au producteur les meilleures conditions de son travail, voilà, Messieurs, le but de toutes les études industrielles, telle est la voie dans laquelle JACQUARD a si rapidement fait avancer le commerce lyonnais. Voilà son premier titre à notre admiration : mais, là, Messieurs, n'est pas JACQUARD tout entier ; cette part déjà si belle n'est que la moitié de l'hommage auquel il a droit.

Si cette image doit offrir à nos ouvriers leur bienfaiteur, elle est aussi placée là pour conserver au milieu d'eux la mémoire de l'homme de bien. Simple, juste et bon, d'un commerce agréable et facile, JACQUARD avait puisé dans la religion la pratique de toutes les vertus ; c'est elle qui lui donna la force de résister aux chagrins qui vinrent éprouver sa vie, de surmonter les obstacles qui devaient entraver sa carrière ; c'est encore en elle qu'il trouva la paix de ses dernières années. Sa vieillesse s'écoula chérie et vénérée au sein d'une retraite modeste comme toutes ses habitudes. C'est là qu'il donna par la douceur,

la bienveillance et la charité, le seul exemple digne
de couronner une aussi belle vie.

C'est là, Messieurs qu'il appartenait à la reconnaissance publique d'aller chercher son souvenir. Quand
toutes les villes s'empressent d'élever des monuments
à leurs grands hommes, quand le jour de la justice
semble venu pour toutes les gloires, sous un Roi
qui les réhausse toutes en leur prêtant l'éclat de la
science, JACQUARD ne pouvait être oublié. C'est en
honorant de pareils hommes que les populations
s'élèvent et s'honorent elles-mêmes, et le bronze
de nos places publiques, sera la plus belle page de
notre histoire. Si puissante et si riche, si fière et si
jalouse de son industrie et de son commerce, Lyon
attendait impatiemment la solennité de ce jour, car
Lyon ne paye pas les services qu'on lui rend par
l'ingratitude et l'oubli.

Lyon a voulu perpétuer un nom qui lui est cher
et précieux; tous ont concouru à cette œuvre de pa-
triotisme, et le choix d'un ancien élève de notre école
dans le célèbre artiste qui nous rend la vivante
image de notre citoyen, est un gage de plus de la
sollicitude que notre ville attache à toutes les illus-
trations dont elle se glorifie.

Ouvriers Lyonnais qui vous pressez dans cette
enceinte, vous dont la présence est le plus bel
hommage à celui que nous célébrons, c'est au milieu
de vous qu'était marquée sa place, car il fut votre
père et votre ami; c'était au jour de votre fête (*)

(*) La Statue de JACQUARD a été inaugurée le jour de la
fête des ouvriers en soie.

qu'appartenait cette solennité que vous partagez avec lui. Venez souvent contempler son image, inspirez-vous de son souvenir; laborieux, qu'il vous enseigne par son exemple que le travail est la source de tout bonheur comme de toute moralité; économe et modeste, qu'il vous rappelle tout le prix de l'ordre et de la bonne conduite; citoyen, qu'il vous redise sans cesse tout ce qu'on doit à son pays. Sachez garder l'héritage de ses vertus et de ses travaux; n'oubliez jamais que la paix, la concorde et le travail peuvent seuls le conserver et l'agrandir.

Et toi JACQUARD, qui vois en ce moment autour de toi la grande famille lyonnaise, puisse ton âme pénétrer partout où a passé ton nom, puisse ton génie soutenir notre industrie qu'il a vivifiée, te créer des imitateurs dans cette carrière où le progrès ne s'arrête pas, et déposer dans chaque découverte nouvelle un nouvel hommage à tes pieds. C'est à tes enfants que nous confions la garde de ton monument; ta gloire leur appartient, ton nom doit aussi transmettre à l'avenir le symbole de toutes les vertus qui les distinguent.